經典
少年遊

003

秦始皇嬴政

野心勃勃的始皇帝

Ch'in Shih Huang
The First Emperor of China

繪本

故事◎林怡君
繪圖◎Lucky wei

在趙國經商的呂不韋，
結識了當時在趙國當人質的子楚，
他認為子楚將來必定大有可為，
自己也可以因此獲得好處。
於是呂不韋決定
幫助子楚成為秦國的接班人，
還送上金銀財寶與自己的妾——趙姬，
討好子楚。

3

在呂不韋的幫助下，子楚終於當上秦國國君，成為秦莊襄王。秦莊襄王任命呂不韋當他的宰相，輔佐國事。而他在娶得了趙姬後，生下秦王政，也就是未來的秦始皇。

秦莊襄王在位三年後病死。他的王位就傳給了兒子秦王政。秦王政當時只有十三歲，靠著呂不韋與其他大臣的協助，秦國越來越強大。呂不韋為了讓秦國的國力更加強盛，還在門下養了三千多名食客。

6

秦王親政後，為了避免他國間諜滲入秦國的事一再發生，他決定把來自其他諸侯國的門客通通都趕走。這時來自楚國的門客李斯提出建議：「大王，這樣一來，好的人才全都離開，去了別的國家，對秦國來說反而有害！」

秦王被李斯說服後，又聽取他的意
見，用重金珠寶買通其他諸侯國的大
臣，買通不了，就設法將他們殺死。
等諸侯國產生動亂，再趁機攻打對
方。就這樣，秦國先後滅了韓、趙、
燕、魏、楚、齊，統一天下。

統一天下後，秦始皇認為自己功過三皇，德兼五帝，自稱始皇帝，後人稱他為秦始皇。他又決定讓子子孫孫們依照順序，稱為二世皇帝、三世皇帝……直到萬世，讓自己所建立的帝國可以永遠延續下去。

之後，為了避免人民造反，秦始皇下令把天下的兵器全都集中到首都咸陽，鎔造成十二個銅人，並把這些銅

人放在宮廷
之中，誇耀武
功；還強制要求
國內十二萬名富豪
都搬遷到咸陽，避
免他們和其他諸侯國
貴族勾結，意圖叛亂。

接著，秦王統一了文字，全國上下都使用「小篆」來書寫，讓溝通變得容易；統一了度量衡和貨幣，減少了換算時的混亂；統一了車軌間的寬度，讓交通運輸變得便利；還修築了馳道、長城。

16

有一次，秦始皇在咸陽宮設宴，大臣周青臣讚揚秦始皇實行郡縣制的好處，可是淳于越認為要效法古代做法，應該把天下分封給皇子們去管理。丞相李斯當場駁斥淳于越的想法，認為他太過守舊，不懂順應時勢來調整。

19

李斯說：「大王，許多人都是因為念了太多《詩》、《書》，才會反對新制度，影響國家安定。最好把這些書全都燒光！」後來，秦始皇採納了李斯的意見，除了醫藥、占卜、種植書籍外，其餘一律焚毀。

野心勃勃的秦始皇想成為萬世皇帝，於是他開始尋求長生不老的方法。有一個名為徐市的方士主動來找秦始皇。

「稟告大王，我知道有仙人住在海中的神山，請大王讓我帶童男童女們去找尋仙人，取得長生不老的藥方！」

徐市沒有找到仙人，不死心的秦始皇，繼續派盧生出海去找尋仙人。

盧生回來後告訴秦王：「大王，秦國即將發生危機，出海時我發現了一則預言，請您看看。」秦始皇一看到『亡秦者胡』的預言，決定先發制人，立刻派蒙恬去攻打胡人。

盧生還是沒找到仙藥，　有一天有個方士跟盧生說：「我覺得秦始皇殘暴又凶惡，　大家對他都是敢怒不敢言，　萬一讓這種人得到了長生不老藥，　那還得了！」盧生想了想說：「你說得有道理，　我們還是趕快離開秦國吧！」

秦始皇知道他們逃走後非常憤怒，於是派
人審問其他儒生、方士後，就立刻判決了
四百多人死罪，將他們全活埋在咸陽。

之後有塊隕石掉落地上，有人在上面刻了「始皇帝死而地分」。秦始皇覺得被觸了霉頭，決定要揪出始作俑者，但根本沒有人出面認罪。於是他就把居住在那塊石頭周圍的住戶全部抓來殺了，並燒毀了那塊石頭。

除了追求永生，秦始皇也講究享受。他為自己蓋了座富麗堂皇的阿房宮。這項浩大的工程動用七十多萬人力，不過，直到他去世前，阿房宮都沒完工。

追求長生不老的同時，秦
始皇也為自己的未來做
了安排。他在驪山蓋了
陵寢，陵寢的規格就
如同宮殿一般，裡頭
還裝了各式各樣的寶
物，秦始皇要讓自
己就算死後也能繼
續享受榮華富貴。

秦始皇還命令工匠製作機關，只要有人進入陵寢就會被射殺。當陵寢完工、寶物藏妥後，就封閉墓道，並放下外層的門，將所有的工匠和奴僕都關在裡頭，而墓外則種了草木，如同一座山安穩靜止在地上。

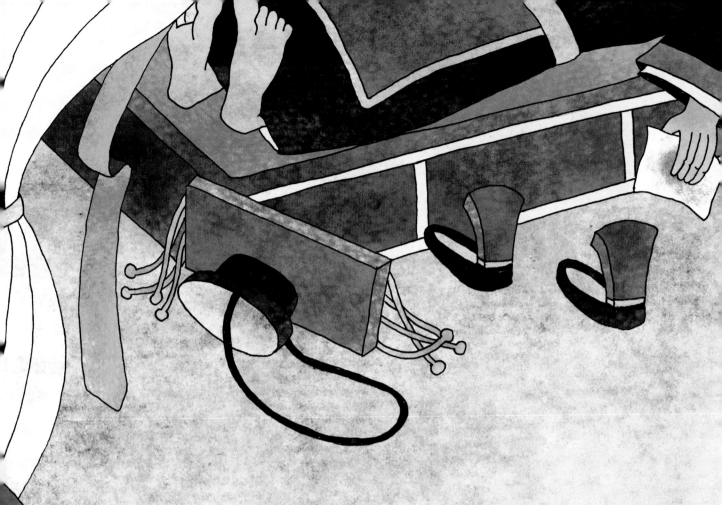

秦始皇到平原津出巡時生了病，他生平最討厭談到死，無奈病情一天天加重，最後只好下詔書給在北方監軍的長子扶蘇，要他回來辦理自己的後事。但是詔書被宦官趙高偷偷藏起來，秦始皇就這樣孤單的病死在外地。

秦始皇死後，趙高、李斯和秦始皇最小的兒子胡亥竄改詔書，讓胡亥能夠成為二世皇帝。二世昏庸暴虐，人民起義反抗。後來由劉邦率領的大軍打敗了秦軍，接著三世皇帝子嬰也投降，風華一時的秦帝國也就這樣結束了。

秦始皇嬴政

野心勃勃的始皇帝

讀本

原典解説 ◎林怡君

秦始皇自稱「始皇帝」，想要秦朝千秋萬代、一統天下，卻傳到第二代就滅亡了。他到底是個怎麼樣的人呢？

TOP PHOTO

嬴政

相關的人物

秦莊襄王

秦始皇（公元前 259～前 210 年），姓嬴，名政，是中國的第一位皇帝。他統一了六國，結束了長期分裂的戰國時代，建立了秦朝，並創下書同文、車同軌、統一度量衡、建造萬里長城等偉績。上圖為陝西西安驪山秦始皇陵內的秦始皇像。

秦始皇的父親，姓嬴名子楚，本名異人。子楚被送往趙國當人質，生活困窘。呂不韋到趙國經商時，巧遇子楚。他認為子楚是個奇才，於是用計將子楚送回秦國，逐漸捧上王位，是為秦莊襄王。可惜他在位僅三年就逝世。

李斯

楚國上蔡人。李斯曾上〈諫逐客書〉，勸嬴政廣納人才，以成大業。他幫助嬴政統一天下後，升任為丞相，廢除封建制，推行郡縣制，「書同文，車同軌」，統一全國貨幣，並一手策動「焚書」。後來被趙高誣陷謀反致死。

秦二世

秦二世姓嬴，名胡亥，秦朝的第二個皇帝，也是秦始皇最小的兒子。秦始皇死後，被趙高立為皇帝。胡亥非常愚笨，趙高曾經指著一頭鹿，說那是一匹馬，旁邊的人也附和，胡亥以為自己已經無法辨認事物，把國政都交給趙高掌權。

趙高

趙高是個宦官，早年擔任中書令，侍奉胡亥。秦始皇在沙丘駕崩時，趙高竄改秦始皇遺詔，賜死太子扶蘇，改立胡亥為帝，獨攬朝政。後來因為各地起義，害怕秦二世追究，就逼死秦二世，立子嬰即位。最後被子嬰派宦官韓談刺殺而死。

趙姬

秦始皇的母親趙姬，原本是商人呂不韋的姬妾。呂不韋看上在趙國當人質的子楚，也就是後來的秦莊襄王，將趙姬獻給他。後來趙姬因為行為不軌，差點鬧出政變，被嬴政軟禁起來，經過群臣勸諫才又釋放。

呂不韋

衛國人，戰國時期著名商人和政治家，幫助秦莊襄王即位，在秦為相十三年。呂不韋曾廣招門客，合力編撰《呂氏春秋》，是雜家的代表著作。後因嫪毐事件遭到牽連，被放逐到四川，自殺身亡。

秦始皇的人生，是一段充滿傳奇、波瀾壯闊的曲線。
從崛起到衰亡，他的一生經歷了什麼轉折？

出生

公元前 259 年
嬴政在這一年出生於趙國的邯鄲市。當時他的父親子楚，在趙國當人質，由於秦國與趙國關係緊張，因此子楚的待遇也很差。呂不韋看中了子楚的價值，將自己的姬妾趙姬獻給他，才生下了嬴政。

即位

公元前 247 年
在呂不韋的智謀安排之下，子楚終於當上了秦王，是為秦莊襄王。然而他在位三年就駕崩了，於是嬴政在十三歲即位。由於年紀還小，因此國政由呂不韋把持，嬴政並尊稱呂不韋為「仲父」。

親政

公元前 238 年
嬴政二十二歲時，舉行了國君成人加冕儀式，開始親理朝政。這時一個叫嫪毐的權臣叛亂，被嬴政派兵剿滅。由於嫪毐是呂不韋引進的，於是呂不韋也被罷免了，嬴政終於完全掌權。

相關的時間

始滅六國

統一天下

TOP PHOTO

公元前 230 年
嬴政掌權之後，聽從李斯的勸導，廣招人才，使秦國迅速強大起來。又以「遠交近攻」的策略，離秦國遠的國家，就假意親和、暗地派人賄賂離間；離秦國近的國家，就武力攻打。距離秦國最近的韓國就是首先被消滅的國家。

公元前 221 年
經過九年的征戰，嬴政三十九歲時，終於完成了滅六國的大業，建立秦朝，自稱「始皇帝」。他定都咸陽，統一天下的車軌、文字、度量衡，實行郡縣制，建立了一個無論在國土、制度或文化都統一的國家。上圖為秦朝青銅詔版，是秦始皇 26 年統一度量衡的詔書。

公元前 213 年

為了禁止讀書人以古非今，秦始皇下令焚燒各種學說的書籍，只保留一些在皇宮裡。隔年，由於秦始皇嚮往長生不老藥，卻被方士所騙，在大怒之下，坑殺了四百六十名方士。因此秦始皇坑的「儒」，其實是方士。右圖為明刻本《帝鑑圖說》，描繪的是秦始皇派遣方士求取長生不老藥的〈遣使求仙圖〉。

焚書坑儒

遣使求仙

TOP PHOTO

公元前 210 年

死亡

秦始皇帶著次子胡亥巡遊天下，病死沙丘，活了五十歲。趙高和李斯竄改遺詔，逼死長子扶蘇，殺害大將軍蒙恬，擁立胡亥，將秦始皇葬於驪山陵。

47

傳奇人物都有傳奇事物，跟秦始皇相關的特別多，在他的統治下，出現了什麼樣特別的事物呢？

皇，是古代人對祖先神的稱呼，如「三皇」；帝，是指主宰萬物的最高天神，也指對人們貢獻很大的帝王，如「五帝」。秦始皇認為自己的功勞勝過三皇五帝，於是立自己的尊號為「皇帝」。因為他也是第一個使用「皇帝」尊號的人，所以稱自己為始皇帝。

周朝時，將土地分封給周王室的親戚，以及立過大功的功臣，讓他們管轄，並對周王室效忠，這就是「封建制度」。但是秦始皇將地方行政機構分為郡、縣兩級，郡縣主要官吏由中央選擇人才擔任，改為「郡縣制」。

皇帝

郡縣制

相關的事物

阿房宮

TOP PHOTO

秦始皇在渭河以南，耗費了大量的人力，建造一座規模極大的夢幻宮殿園林。司馬遷的《史記》記述過阿房宮的規模，唐朝的杜牧也寫過〈阿房宮賦〉，讚嘆它的宏偉與美麗。然而阿房宮最後被項羽攻入咸陽時燒掉了，因此現在也只能從文獻記載中想像它的模樣。左圖為清朝畫家袁江所繪〈阿房宮圖〉。

修築長城

秦始皇統一六國之後，為了防止北方匈奴的南侵，減輕邊防的負擔，下令把各國之間互防的長城拆除，再把原來秦、趙、燕三國北邊的長城連接起來，這就是後來的「萬里長城」。

焚書

秦朝統一之後，儒生經常以古時候的思想來批評秦朝當時的施政方針，於是在李斯建議之下，秦始皇下令將《秦記》以外的所有史書、以及所有儒書通通焚毀，只允許留下關於醫藥、卜筮和種植的書。

兵馬俑

兵馬俑是古人製成戰車、戰馬、士兵形狀的殉葬品。在秦始皇陵東邊的西楊村村民在打井時，無意中發現了一個規模很大的兵馬俑坑。現有秦始皇兵馬俑博物館，展出這些珍貴的文物。

書同文

春秋戰國時代，由於各國的文化差異，文字也有所不同，不但妨礙了各地經濟、文化的交流，也影響了中央政府政策法令的有效推行。於是，秦始皇統一六國後，下令全國一律以「小篆」為官方文字，也就是「書同文」。右圖為琅琊臺刻石小篆，是秦始皇巡行天下，南登琅琊臺時所立，內容歌頌秦始皇統一天下的功績。內文是以典型小篆寫成。

秦始皇所去過的地方，有些在現代都還是文化重鎮。
跟著這位千古名人，一同探訪他所留下的足跡。

TOP PHOTO

長城本是北方各國建立以防止北方游牧民族入侵、及各國互侵的城堡與城牆。秦始皇統一天下之後，將北方的長城連接起來。到了明朝，又大量增修，西起嘉峪關，東至虎山長城，總長度為 21196.18 公里。

萬里長城

相關的地方

邯鄲

秦

秦始皇的出生地。趙國國都邯鄲，位在現今中國河北省南端的邯鄲市。邯鄲在春秋時代就已經是晉國的一個農業、工業和商業發達的都市，在韓、趙、魏三家瓜分晉國之後，成為趙國的首都。

秦人本是中原民族西遷的一支。由於祖先擅長養馬，被周王分封在秦，作為周朝的附庸。因為秦王護送周平王東遷有功，被封為諸侯，從此建國。最初的領地在現今陝西省的西部。

博浪沙位於河南省原陽縣城東郊，現名古博浪沙。博浪沙北臨黃河，
南臨官渡河，到處沙丘連綿起伏，荊棘叢生，行走困難。韓國丞相
後裔張良，曾與刺客埋伏在此地刺殺秦始皇帝，然而沒有成功。

博浪沙

沙丘

據說，秦始皇為了消災避難，尋求長生不老藥，於是
展開了第五次東巡。然而由於自幼身體不好，長年的
勞累加上一路勞頓，他到了平原丘就病倒了，最後病
死在沙丘。沙丘位在現今河北省南部的廣宗縣。

咸陽

咸陽是秦國的都城，秦朝建立之後，就以咸陽為全國
首都，為政治、經濟、交通和文化中心。咸陽位在現
今的中國陝西省咸陽市，由於是多個王朝的都城，因
此擁有多種文物、古遺址、古墓葬和古建築物等，是
很重要的文化古都。

秦始皇陵

TOP PHOTO

秦始皇陵是秦始皇的陵墓，位於陝西省西安市臨潼區城以東的驪山之北。據史書記載，
皇陵修築時間長達三十八年。皇陵的規模非常龐大，被譽為世界第八大奇蹟。1974 年
挖掘出震驚世界的兵馬俑。

秦始皇

　　秦始皇在滅六國的過程中，曾經重用各國人才，幫助他一統天下，其中有一位很重要的軍事家，人稱尉繚。其實尉是他的官位名稱，是秦國的最高軍事長官；而繚是他的名字。尉繚原本是魏國大梁人，因為在魏國得不到重用，所以來到了秦國。由於他出色的戰略、計策，讓秦國能順利吞滅六國。

　　做為一位軍事家，自然有極為敏銳的觀察力，他從秦始皇的外表觀察出他的性格。他發現秦始皇的鼻子形狀有如黃蜂，眼睛細長，胸像鷙鳥，又有豺狼般的聲音，缺乏仁愛，而有虎狼之心。他認為有這種相貌的人，用人的時候對人謙下，得意的時候也會輕易把人吃掉。為了自身的安全，尉繚決定逃離秦國，秦始皇知道他想離開秦國，費盡唇舌把他留下，不但任命他為高官，還採用他的計謀。

　　果然統一六國後，秦始皇不需要再隱藏自己的個性，他好猜忌又缺乏仁德的個性逐漸開始表露無疑。有一次他在山上往下望，看見丞相李斯外出時，車隊的排場很大，戒備又森嚴，隨口就唸了幾

秦王為人，蜂準，長目，摯鳥膺，豺聲，少恩而虎狼心，居約易出人下，得志亦輕食人。—《史記·秦始皇本紀》

句。李斯知道秦始皇因此有所不悅，就立刻縮減了排場，希望不要讓秦始皇對他產生任何的懷疑或猜忌。當秦始皇看見李斯車隊縮減時，不但沒有露出滿意的笑容，還開始詢問是誰將他的話傳洩出去。由於沒有人承認，秦始皇就決定把當天，在場聽到他說話的人通通處死。這也正印證了尉繚當年所說的，當秦始皇得志時，就會輕易把人吃掉的推測。

尉繚當時還曾說過「如果讓秦始王得志於天下，天下的人都將成為他的奴隸」。後來秦始皇蓋了阿房宮、修築了靈渠、馳道、萬里長城、自己的陵寢，光是修築阿房宮和陵寢就動用了約七十萬人力；而其他浩大的工程，所需的人力，更是不在少數。雖然秦始皇的工程，不全是滿足個人慾望，也有一些對國家有利的建設，但是不可否認，這些工程已經為國家與人民帶來沉重的負擔。

始皇為人，天性剛戾自用，起諸侯，并天下，意得欲從，以為自古莫及己 —《史記·秦始皇本紀》

　　「皇帝」這個名詞誕生於秦始皇與臣子在朝廷上的對話。當時秦始皇和臣子們正在討論要如何制定帝王的稱號。秦始皇認為自己功績超過古代的三皇，並且兼融了五帝的德性，因此就把「皇」和「帝」兩字合在一起稱為「皇帝」。由於他是歷史上第一個使用皇帝稱號的人，所以自稱為「始皇帝」，從此建立了中國近二千多年的皇帝制度。

　　秦始皇覺得從古至今，沒有人的功德比得上他，但他也不要死後被人非議，所以在制定皇帝制度的同時，他也廢除了「諡號」的慣例。以往在位的君王死後，新即位的君王、禮官等大臣，要給先王一個評價，也就是「諡號」。諡號中含有褒善貶惡的意思，是死者生前品德、行事好壞的概括。秦始皇廢除這項制度，等於告訴臣子死後不可非議、評價他，當然活著的時候也不可批評他，

專制的想法，由此可見。

　　秦始皇的霸道，也表現在他對神鬼的態度上。有一次他坐船出巡，經過湘山祠，這時恰好起了大風，水面波濤洶湧，船根本無法行駛。他問一旁的博士：「湘山祠裡頭供奉的是什麼神？」博士回答：「聽說是堯的女兒，也就是舜的妻子。」秦始皇覺得小小的湘山神也敢阻止他的去路，於是就派了三千名囚犯，把湘山的樹全砍光，還放火燒山。不僅對人，對神，秦始皇也絲毫不客氣。

　　不過再怎麼天不怕、地不怕，對於代表天意的「天象」，秦始皇就很看重了。史書上記載，被人寫上「始皇帝死而地分」的那塊隕石，掉落的時間是「熒惑守心」，意思是火星運行到天蠍座附近。這種星象對古人而言，代表天子將要失位或皇帝死亡，所以不吉的星象加上有人刻意的詛咒，讓秦始皇覺得這些現象是在預言他將死，而秦國也將亡。抓不到詛咒他的人，他把住在石頭旁的人全抓起來殺掉，然而，即使這樣做，也沒辦法抹去他心中的不祥陰影。

呂不韋

　　如果沒有呂不韋看出子楚是個奇貨，那麼就不會有後來的秦莊襄王，也就更不可能有秦始皇。呂不韋在秦國歷史中，扮演著舉足輕重的角色。

　　戰國時期，諸侯之間為了互相牽制利用，常有國君把自己家人送去別國當人質的情況，而子楚就是被父親安國君留在趙國作為人質。當時他的生活過得很困苦，到趙國作生意的呂不韋看見子楚，不但沒有瞧不起他，反而覺得子楚是個奇貨，將來的成就不可小覷。

　　於是呂不韋決定幫助子楚成為安國君的接班人，而子楚也承諾，如果能夠如願以償，未來願意和他共享秦國。呂不韋不但資助了子楚生活、應酬所需的費用，還帶著奇珍異寶到秦國，送給安國君的寵妾——華陽夫人。呂不韋一針見血，點出了華陽夫人沒有兒

子楚，秦諸庶孽孫，質於諸侯，車乘進用不饒，居處困，不得意。呂不韋賈邯鄲，見而憐之，曰「此奇貨可居」——《史記·呂不韋列傳》

子，安國君一旦去世，她就失去依靠的窘況。這讓華陽夫人不禁為自己的未來擔憂。呂不韋趁機提到在趙國的子楚，大力讚揚子楚的為人，還說子楚想要回國好好孝敬她。就這樣，華陽夫人被呂不韋說動，認子楚為義子；安國君則被華陽夫人說動，立子楚為太子。

安國君死後，子楚果然繼承了王位，稱為秦莊襄王。秦莊襄王也兌現了當年的承諾，任命呂不韋為丞相，還把河南洛陽附近的十萬住戶封給他，當作他的領地。

呂不韋讓子楚從人質變成太子，讓華陽夫人從無子變為有子；在子楚繼位後，從一介布衣攀升為卿相。他的境遇看似不可思議，其實慧眼獨具的他因為看出子楚是個奇貨，也把政治當作一門生意，這筆大生意讓他名利雙收，真的可說是「一本萬利」了。

呂不韋乃使其客人人著所聞，集論以為八覽、六論、十二紀，二十餘萬言。市門，懸千金其上，延諸侯游士賓客有能增損一字者予千金。 ——《史記・呂不韋列傳》

秦始皇即位時僅有十三歲，他任命呂不韋為相國。以當時秦國的官制，丞相可設兩人，而相國僅可設一人，由此就看得出呂不韋的地位。

戰國末年非常盛行「養士」：貴族們為了鞏固地位，會招收天下人才，並供養他們；食客們也會發揮所長，為主人效勞。呂不韋覺得秦國也應該效仿，所以他也大量招攬供養食客。他還讓食客們把自己所知、所想的古今事物全寫出來，編著成《呂氏春秋》。呂不韋把這本書掛在首都咸陽市場的大門上，並在上面懸掛著千金，邀請各國賓客、遊士，只要有人能增或刪減一個字，就致贈千金。

然而，沒有人增、刪任何一字，也沒有人獲得千金的報酬，這不是因為《呂氏春秋》完美無暇，而是因為大家對呂不韋都敬畏三

分。而呂不韋也透過「一字千金」之方式，拉抬了自己的權勢。但這聲勢卻也造成秦始皇的壓力，為呂不韋帶來殺機。

自秦始皇即位以來，呂不韋和太后趙姬時有往來。隨著秦始皇長大成人，呂不韋也明白，他和太后的曖昧關係很快就會被秦始皇識破。為了轉移焦點，呂不韋讓假宦官嫪毐進宮服侍太后。太后十分寵信嫪毐，他不但被封為長信侯，能夠干預政事，還享盡榮華富貴，過著無比奢侈的生活。

很快的嫪毐變成了和呂不韋實力相當的豪門，甚至仗著太后的寵愛十分囂張。後來秦始皇發現嫪毐和太后生下兩個兒子，還打算在他死後，將自己的兒子立為王。秦始皇得知後十分暴怒，在嫪毐準備進攻蘄年宮時，出兵攻打他，最後下令誅殺嫪毐及其三族。

嫪毐之所以能進宮造成這些風波，呂不韋是脫不了關係的，因此，秦始皇連呂不韋也一起剷除。在鏟除了呂不韋和嫪毐後，秦始皇終於得以親政。

李斯

　　楚國人李斯年少時看見生活在廁所及糧倉中的老鼠有所感觸，他認為一個人有無出息和老鼠一樣，在於是否能給自己找到一個好地方。老鼠如果住在廁所，就只能以糞便為食；如果住在糧倉，就能夠以米糧為生。因此李斯辭去了在郡中掌管文書的小吏官職，去向齊國當時的儒學大師荀況，學習治理國家的方法。學成之後就去了他心目中的糧倉──秦國，想有所發揮。

　　李斯到了秦國之後，先在呂不韋的門下當食客。優秀的他很快就受到呂不韋提拔，讓他有機會可向秦始皇提出建議。秦始皇採用李斯的計謀，讓其他諸侯國的君臣產生嫌隙，國家產生動亂，之後秦國再趁隙攻打對方，於是各個諸侯國就這樣慢慢的被秦國併吞。

　　就在李斯看似實現夢想，安穩當著倉中鼠時，事情有了變化。大臣們為了避免再有間諜到秦國來刺探國情，希望秦始皇能下令，

見吏舍廁中鼠食不絜，近人犬，數驚恐之。斯入倉，觀倉中鼠，食積粟，居大廡之下，不見人犬之憂。

—《史記‧李斯列傳》

把秦國境內所有非秦國的士人，全部驅逐出境。這對李斯來說，是一大惡耗。於是他寫了〈諫逐客書〉，想讓秦始皇明白各國士卿對秦國有不可或缺的作用。他以秦國從前的君王為例，指出這些君主都是運用他國人才，使國家更加強盛；又指出秦始皇所愛的寶物美人也都不是秦國自產，要秦王不可以只看重物品，卻不看重人才！

秦始皇被李斯說服，不但沒有將他逐出秦國，還繼續採用他的計策，幫他升官到擔任最高司法官的廷尉一職。

而秦始皇為後人批評最多的「焚書」，也是出自李斯的提議。李斯認為，如果書生讀了太多書，就會議論國事、詆毀政府，這樣就會降低皇上的威望，也會形成黨派。所以他建議秦始皇焚書，只留下看病、占卜、種植的相關書籍。李斯的建議和秦始皇集權的思想不謀而合，卻為秦始皇帶來萬世的臭名。

當今人臣之位無居臣上者，可謂富貴極矣。物極則衰，吾未知所稅駕也。——《史記·李斯列傳》

李斯受到秦始皇的重用，但在盡享榮華富貴之時，卻開始反向思考。有一次，他回咸陽探親時，在家中宴客，朝中的大臣都來參加這場宴會。李斯看著家門口停放著數千台的馬車，他突然想起當年老師荀況曾教導過他「物禁大盛」，也就是「什麼事都不能太過份」的道理。因此李斯不禁開始擔心起自己的下場。

秦始皇後來在出巡的過程中染病去世。

宦官趙高希望讓秦始皇的小兒子胡亥當上太子，他希望李斯能和他一起聯手，更改秦始皇的遺詔。趙高先告誡李斯，如果按照秦始皇的遺詔讓扶蘇當上太子，那他的丞相位置，很可能會被扶蘇極為信任的大將蒙恬所取代。李斯不為所動，不願意更改遺詔。趙高於是決定威脅李斯，如果

不和他聯手，那麼就會招來災禍，李斯權衡輕重後，終究答應和他一起狼狽為奸。

　　李斯與趙高聯手成功將胡亥立為太子後，實行嚴刑酷法，等到發現情勢不對，想要直言進諫時，卻為時已晚。後來還被趙高所陷，多次上書都陰錯陽差選在胡亥正在玩樂時，加上趙高在一旁搧風點火，胡亥自然不會認同李斯的建議，也開始對李斯產生負面的印象。

　　後來趙高在胡亥面前，誣陷李斯和兒子李由想要謀反。胡亥聽到當然立刻派人查辦，趙高對他嚴刑拷打，想要逼他承認謀反的事。李斯不承認還寫了一封長信告訴胡亥，他跟隨秦始皇三十多年來所立下的功勞，並表明他對胡亥的忠心。但是這封信被趙高攔下，胡亥根本沒有看到。李斯敵不過趙高的陷害，胡亥又是非不分，最後在咸陽的街市中被腰斬，連誅三族。

　　李斯萬萬沒有想到，當年自己的反思竟一語成讖，好不容易找到棲身的糧倉，最後卻也死在他曾夢寐以求的糧倉，這對李斯來說實在是諷刺又冤枉。

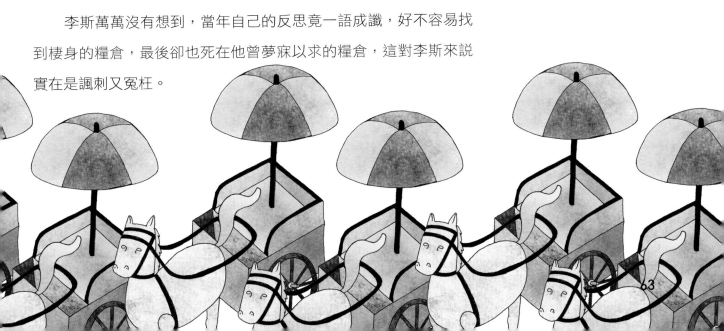

王翦

秦始皇在企圖統一六國期間，除了要有足智多謀的能士，勇敢無懼的將士也是不可或缺。而秦始皇身邊的武將又以王翦、王賁父子最為突出。王翦滅楚、燕；王賁滅魏、齊。在齊國被滅後，秦國的統一大業就完成了。因此可以看出，王翦在秦始皇兼併六國的期間，佔有舉足輕重的位置。

只是，秦始皇多疑好猜忌，在秦始皇的身旁要如何發揮長才、一展抱負，卻又同時能自保，這就是一大學問了。

當時，秦始皇派王翦攻打楚國。在出兵前，秦始皇親自到灞上送行，王翦這時請求秦王賞賜良田、豪宅、園林給他；行至函谷關還五度派使者回朝，請秦始皇再多賜良田。他的部下詢問他：「將軍，您這麼

夫秦王怚而不信人。今空秦國甲士而專委於我，我不多請田宅為子孫業以自堅，顧令秦王坐而疑我邪。

——《史記‧白起王翦列傳》

做是不是要求太多了？是不是有點太貪心了？」王翦則說：「秦國的軍隊現在都掌握在我的手中，如果我不向秦王多要求賞賜，秦王必定會對我起疑心。」

　　六十萬大軍幾乎已經是秦國全數的軍力。一名出色的將領，手中握有如此龐大的兵權，秦始皇不免會擔心，王翦會擁軍自重，進而叛變的想法。和秦始皇相處了好些年，王翦不是不了解秦始皇的個性，他表面上裝作貪婪的樣子，實際上是想讓秦始皇覺得他對掌握政治權力和政治地位沒有野心，只對財物和產業有興趣。王翦身為一名武將，卻設想的這麼周到，不但贏得秦王對他信任，更讓自己和家人的安全得到保障，在行軍征戰時無後顧之憂，著實是一名聰明的武將！

王翦至，堅壁而守之，不肯戰。荊兵數出挑戰，終不出。王翦日休士洗沐，而善飲食撫循之，親與士卒同食。 ——《史記‧白起王翦列傳》

　　王翦能夠率領六十萬大軍去攻打楚國，其實也是經過一番曲折才得以成行。起初李廣的先祖李信在「荊軻刺秦」後帶領了幾千名士兵追殺燕國太子丹，迫使燕王交出了太子丹的人頭。秦始皇認為這個年輕人表現突出，頗有大將之風。

　　秦始皇問李信：「如果要出兵攻打楚國，需要多少兵力？」李信回答：「不用二十萬大軍就可以辦得到。」同樣的問題，秦始皇又問了王翦，王翦回答：「至少要有六十萬大軍！」秦始皇聽完兩個人的回答，覺得王翦是因為年老所以變得畏懼，年輕的李信就不同了，勇敢又有鬥志。王翦懂得察言觀色，看見秦始皇不採納自己的意見，不多做解釋，也不和秦始皇正面起衝突，說自己想回老家養病後，就離開了。

　　於是秦始皇讓李信帶了二十萬大軍征伐楚國。沒想到秦軍被楚

軍攻破，吃了一場大敗戰。秦始皇知道後，趕緊到王翦的家鄉去找王翦，央求王翦帶兵出征。王翦起先不肯答應，後來看秦始皇頗有誠意，才說「我可以帶兵出征，但一定要有六十萬大軍。」已經吞了一場敗仗，這一次秦始皇當然不會再大意了，於是就讓王翦帶著六十萬大軍出發了。

　　楚軍聽說王翦率六十萬大軍前來，動員全國兵力來抵抗。兩軍對峙的情況下，王翦堅守營中而不出戰，即使楚兵多次挑釁，也不為所動。他不刻意操練士兵，反而讓部屬們休息沐浴，還和士兵們一起享用食物，士兵在軍中開心玩著投石的遊戲。直到楚兵耐不住性子，往東撤退時，王翦才帶領士兵去攻打他們，最後楚國終於被王翦所滅。

　　兩相對照，除了可看出王翦與君王相處時的智慧，更可看出王翦帶兵與征戰的謀略高超。因此在秦始皇平定六國的過程中，屢屢立下戰功，成為秦始皇統一天下的重要功臣。

當秦始皇的朋友

　　歷史上有這樣一位君王，他曾經做出許多豐功偉業：掃滅六國，平定海內，廢分封制，改立郡縣制，統一文字、貨幣以及度量衡，修築萬里長城……等等，但是他的暴虐無道更是為他留下了千古罵名，說到這裡，你肯定對他不陌生，他，就是大名鼎鼎的秦始皇。

　　秦始皇功蓋千秋，他建立的秦朝雖然僅有短短的十五年，但他在這十五年裡先後不斷的創造出許多輝煌事蹟：首先他一統中國；接著開始在這個新建土地上耕耘播種，進行改革。他為了國家發展，於是建立郡縣制、統一文字，目的是方便管理。除此之外，他統一貨幣、度量衡，大大促進了商業交流，經濟蓬勃發展；並且他南征北討，擴大了版圖，還奠定了中國統一多民族中央集權國家的基本格局。還沒說完呢！他一手打造的皇帝制度，更為歷代帝王視為寶典，延續近兩千多年。

　　那麼，是什麼原因讓富強的秦朝毀於一旦呢？

　　因為專制蠻橫的秦始皇，不懂得設身處地為廣大百姓著想，只要他一聲令下，不論耗損多少錢財、犧牲多少人命，他也要焚書坑儒、建長城、修阿房宮、造兵馬俑。說到底，一個英明的皇帝，如果要垂名青史，不只是要樹立威望，建立功績，炫耀財力而已，更重要的是愛護百姓，建立福祉，才能博得人民的擁護。

　　性格冷酷的秦始皇可能很難交到朋友，想當他的朋友，霸道偏激肯定是不可取的。縱使你不同意他實施暴政，但也不能指出錯誤，除非你有接受制裁的覺悟。看秦始皇施政，你或許會欽佩他的作為，但也會思考他苛政下的後果，終究是帶來一個國家的滅亡。

我是大導演

看完了秦始皇的故事之後，
現在換你當導演。
請利用紅圈裡面的主題（專制），
參考白圈裡的例子（例如：統一），
發揮你的聯想力，
在剩下的三個白圈中填入相關的詞語，
並利用這些詞語畫出一幅圖。

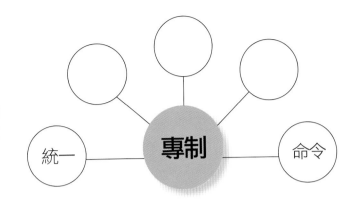

![經典少年遊 logo]
youth.classicsnow.net

◎ 少年是人生開始的階段。因此，少年也是人生最適合閱讀經典的時候。

因為，這個時候讀經典，可以為將來的人生旅程準備豐厚的資糧。

因為，這個時候讀經典，可以用輕鬆的心情探索其中壯麗的天地。

◎ 【經典少年遊】，每一種書，都包括兩個部分：「繪本」和「讀本」。

繪本在前，是感性的、圖像的，透過動人的故事，來描述這本經典最核心的精神。

小學低年級的孩子，自己就可以閱讀。

讀本在後，是理性的、文字的，透過對原典的分析與說明，讓讀者掌握這本經典最珍貴的知識。

小學生可以自己閱讀，或者，也適合由家長陪讀，提供輔助說明。

001 黃帝　遠古部落的共主
The Yellow Emperor:The Chieftain of Ancient Tribes
故事／陳昇群　原典解說／陳昇群　繪圖／BIG FACE

遠古的黃河流域，衰弱的炎帝，無法平息各部族的爭戰。在一片討伐、互鬥的混亂局勢裡，有個天生神異，默默修養自己的人，正準備崛起。他，就是中華民族共同的祖先，黃帝。

002 周成王姬誦　施行禮樂的天子
Ch'eng of Chou:The Establishment of Chinese Etiquette
故事／姜子安　原典解說／姜子安　繪圖／簡漢平

年幼即位的周成王，懷抱著父親武王與叔叔周公的期待，與之後繼位的康王，一同開創了「成康之治」。他奠定了西周的強盛，開啟了五十多年的治世。什麼刑罰都不需要，天下無事，安寧祥和。

003 秦始皇　野心勃勃的始皇帝
Ch'in Shih Huang:The First Emperor of China
故事／林怡君　原典解說／林怡君　繪圖／LuCKy wei

綿延萬里的長城、浩蕩雄壯的兵馬俑，已成絕響的阿房宮……這些遺留下來的秦朝文物，代表的正是秦始皇的雄心壯志。但是風光的盛世下，卻是秦始皇實行暴政的證據。他在統一中國時，也斷送了秦朝的前程。

004 漢高祖劉邦　平民皇帝第一人
Kao-tsu of Han:The First Peasant Emperor
故事／姜子安　原典解說／姜子安　繪圖／林家棟

他是中國第一個由平民出身的皇帝，為什麼那麼多人都願意為他捨身賣命？憑什麼他能和西楚霸王項羽互爭天下？劉邦是如何在亂世中崛起，打敗項羽，成為漢朝的開國皇帝？

005 王莽　爭議的改革者
Wang Mang:The Controversial Reformer
故事／岑澎維　原典解說／岑澎維　繪圖／鍾昭弋

臣民都稱呼他為「攝皇帝」。因為他的實權大大勝過君王。別以為這樣王莽就滿足了，他覬覦的可是真正的君王寶位。於是他奪取王位，一手打造全新的王朝。他的內心曾裝滿美好的願景，只可惜最終變成空談。

006 北魏孝文帝拓跋宏　民族融合的推手
T'o-pa Hung:The Champion of Ethnic Melting
故事／林怡君　原典解說／林怡君　繪圖／江長芳

孝文帝來自北魏王朝，卻嚮往南方。他最熱愛漢文化，想盡辦法要讓胡漢兩族的隔閡減少。他超越了時空的限制，不同於一般君主的獨裁專制，他的深思遠見、慈悲寬容，指引了一條民族融合的美好道路。

007 隋煬帝楊廣　揮霍無度的昏君
Yang of Sui:The Extravagant Tyrant
故事／劉思源　原典解說／劉思源　繪圖／榮馬

楊廣從哥哥的手上奪走王位，成為隋煬帝。他也從一個父母眼中溫和謙恭的青年，轉而成為嚴格殘酷的帝王。這個任意妄為的皇帝，斷送了隋朝的未來，留下昭彰的惡名，卻也樹立影響後世的功績。

008 武則天　中國第一女皇帝
Wu Tse-t'ien:The only Empress of China
故事／呂淑敏　原典解說／呂淑敏　繪圖／麥震東

她不只想當中國第一個女皇帝，她還想開創自己的朝代，把自己的名字深深的刻在歷史的石碑上。她還想改革政治，找出更多人才為國家服務。她的膽識、聰明與自信，讓她註定留名青史，留下褒貶不一的評價。

◎ 【經典少年遊】，我們先出版一百種中國經典，共分八個主題系列：

詩詞曲、思想與哲學、小說與故事、人物傳記、歷史、探險與地理、生活與素養、科技。

每一個主題系列，都按時間順序來選擇代表性的經典書種。

◎ 每一個主題系列，我們都邀請相關的專家學者擔任編輯顧問，提供從選題到內容的建議與指導。

我們希望：孩子讀完一個系列，可以掌握這個主題的完整體系。讀完八個不同主題的系列，

可以不但對中國文化有多面向的認識，更可以體會跨界閱讀的樂趣，享受知識跨界激盪的樂趣。

◎ 如果説，歷史累積下來的經典形成了壯麗的山河，那麼【經典少年遊】就是希望我們每個人

都趁著年少，探索四面八方，拓展眼界，體會山河之美，建構自己的知識體系。

少年需要遊經典。

經典需要少年遊。

009 唐玄宗李隆基　盛唐轉衰的關鍵
Hsuan-tsung of T'ang:The Decline of the T'ang Dynasty

故事／呂淑敏　原典解説／呂淑敏　繪圖／游峻軒

他開疆闢土，安內攘外。他同時也多才多藝，愛好藝術音樂，還能譜曲演戲。他就是締造開元盛世的唐玄宗。他創造了盛唐的宏圖，卻也成為國勢衰敗的關鍵。從意氣風發，到倉皇逃難，這就是唐玄宗曲折的一生。

010 宋太祖趙匡胤　重文輕武的軍人皇帝
T'ai-tsu of Sung:The General-turned-Scholar Emperor

故事／林哲璋　原典解説／林哲璋　繪圖／劉育琪

從黃袍加身到杯酒釋兵權，趙匡胤抓準了時機，從軍人成為實權在握的開國皇帝。眼見藩鎮割據的五代亂象，他重用文人，集權中央。他開啟了平和的大宋時期，卻也為之後的宋朝埋下被外族侵犯的隱憂。

011 宋徽宗趙佶　誤國的書畫皇帝
Hui-tsung of Sung:The Tragic Artist Emperor

故事／林哲璋　原典解説／林哲璋　繪圖／林心雁

他不是塊當皇帝的料，玩物喪志的他寧願拱手讓位給敵國，只求能夠保全藝術珍藏。宋徽宗的多才多藝，以及他的極致享樂主義，都為我們演示了一個富有人格魅力，一段充滿人文氣息的小品集。

012 元世祖忽必烈　草原上的帝國霸主
Kublai Khan:The Great Khan of Mongolia

故事／林安德　原典解説／林安德　繪圖／AU

忽必烈——草原上的霸主！他剽悍但不霸道，他聰明而又包容。他能細心體察冤屈，揚善罰惡；他還能珍惜人才，廣聽建言。他有著開闊的胸襟和寬廣的視野，這個馳騁草原的霸主，從馬上建立起一塊遼遠的帝國！

013 明太祖朱元璋　嚴厲的集權君王
Hongwu Emperor:The Harsh Totalitarian

故事／林安德　原典解説／林安德　繪圖／顧珮仙

從一個貧苦的農家子弟，到萬人臣服的皇帝，朱元璋是怎麼辦到的？他結束了亂世，將飽受戰亂的國家，開創另一個新局？為什麼歷史評價如此兩極，既受人推崇，又遭人詬病，究竟他是一個好皇帝還是壞皇帝呢？

014 清太祖努爾哈赤　滿清的奠基者
Nurhaci:The Founder of the Ch'ing Dynasty

故事／李光福　原典解説／李光福　繪圖／蘇偉宇

要理解輝煌的清朝，就不能不知道為清朝建立基礎的努爾哈赤。他在明朝的威脅下，統一女真部落，建立後金。當他在位時期，雖然無法成功消滅明朝，但是他的後人創立了清朝，為中國歷史開啟了新的一頁。

015 清高宗乾隆　盛世的十全老人
Ch'ien-lung:The Great Emperor of the Golden Age

故事／李光福　原典解説／李光福　繪圖／唐克杰

乾隆在位時期被稱為「康雍乾盛世」，然而他一方面大興文字獄，一方面還驕傲的想展現豐功偉業，最終讓清朝國勢日漸走下坡。乾隆讓我們看到了輝煌與鼎盛，也讓我們看到盛世下的陰影，日後的敗因。

經典○
少年遊

youth.classicsnow.net

003
秦始皇嬴政　野心勃勃的始皇帝
Ch'in Shih Huang
The First Emperor of China

編輯顧問（姓名筆劃序）
王安憶　王汎森　江曉原　李歐梵　郝譽翔　陳平原
張隆溪　張臨生　葉嘉瑩　葛兆光　葛劍雄　鄭培凱

故事：林怡君
原典解說：林怡君
繪圖：LucKy wei
人時事地：梁偉賢

編輯：張瑜珊 張瓊文 鄧芳喬
美術設計：張士勇
美術編輯：顏一立
校對：陳佩伶

企畫：網路與書股份有限公司
出版者：大塊文化出版股份有限公司
台北市10550南京東路四段25號11樓
www.locuspublishing.com
讀者服務專線：0800-006689
TEL：+886-2-87123898
FAX：+886-2-87123897
郵撥帳號：18955675
戶名：大塊文化出版股份有限公司
法律顧問：全理法律事務所董安丹律師

總經銷：大和書報圖書股份有限公司
地址：新北市新莊區五工五路2號
TEL：+886-2-8990-2588
FAX：+886-2-2290-1658
製版：沈氏藝術印刷股份有限公司

初版一刷：2012年12月
定價：新台幣299元